はじめに

政治なんて縁遠いものだと思っていませんか？
ですが、小中学生のあなたも消費税を払っていますから、
すでに立派な社会の一員です。
また、公立小学校・中学校の学費を払わなくていいのも、
教科書が無料なのも、
すべて社会全体で支え合う仕組みがあるからです。

世界に目を向けると、
高校生が政治の話をするのは当たり前です。
日本でも選挙権年齢が18歳になって、
ようやく世界に追いつきました。
政治は自分たちには無関係だなんて思わずに、
この本をきっかけに政治に関心を抱き、
学びを深めていってくれることを願っています。

2016年9月

ジャーナリスト 池上彰

12歳からの政治

いちばん身近な国会・内閣の話

Gakken

池上彰さんと学ぶ
12歳からの政治 ③
いちばん身近な国会・内閣の話

もくじ

- 04 池上彰さんにインタビュー
  国会・内閣とは？
- 06 この本の使い方

第1章
政党

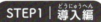

- **STEP1｜導入編**
  - 08 みんなでつくる部活動
- **STEP2｜実践編**
  - 10 やりたいことがちがう部活同士が話し合うと、どんないいことがあるの？
- **STEP3｜解説編**
  - 12 ● 政党ってどんなことをするの？
  - 13 ● 日本の政党の特徴って？

第2章
国会と国会議員

- **STEP1｜導入編**
  - 16 代表委員会で体育祭の分担決め

- **STEP2｜実践編**
  - 18 代表委員会って何をするところ？
- **STEP3｜解説編**
  - 20 ● 国会ってどんなところ？
  - 21 ● 衆議院と参議院のちがいって？
  - 22 ● 国会議員って何をするの？

第3章
国会の仕事

- **STEP1｜導入編**
  - 24 修学旅行の計画を立てよう
- **STEP2｜実践編**
  - 26 お金の使い道、決めておく必要はあるの？
- **STEP3｜解説編**
  - 28 ● 国会はどんな仕事をしているの？
  - 29 ● 国の予算はどうやって決めるの？
  - 30 ● 法律はどうやってつくるの？

第4章

内閣

STEP1｜導入編

32 部員が部長に怒り爆発

STEP2｜実践編

34 勝手ばかりする部長と副部長。どうすればいいの？

STEP3｜解説編

36 ● 内閣ってどんなことをするの？
37 ● 内閣総理大臣の仕事って？
38 ● 内閣と国会の関係は？

第5章

地方自治

STEP1｜導入編

40 どっちもすばらしいで賞!?

STEP2｜実践編

42 なぜ地域によってちがうことがこんなに多いの？

STEP3｜解説編

44 ● 地方自治って何？
45 ● 地方自治のしくみ

14 **コラム** わたしの国の国会議事堂

46 さくいん
47 教科書対応表

池上先生にインタビュー
国会・内閣とは？

国会ってどんなところ？　内閣総理大臣ってどうやって決まるの？
池上先生にお話を聞いてみましょう。

国会とは何をするところなのですか？

[国民の代表が集まり国の重要事項について話し合いをするところです]

国会は、国民の代表者である国会議員が、国のさまざまなことを話し合って決めるところです。具体的には、わたしたちの生活に関わる法律をつくり、税金の使い道を決めています。

税金と言われてもあまりピンとこないかもしれませんが、みなさんは買い物をするときに、いつも消費税を払っていますよね？　消費税も税金の一つで、払った消費税は公共事業（国や地方公共団体が道路や学校などをつくったりすること）や、国民のためのサービス（年金など）に使われているのです。つまり、わたしたちが納めた税金をどんなことに、いくら使うか決めるのが、国会議員なんですね。

ある日突然とんでもない法律がつくられたり、納得できない税金の使われ方がされたりしないように、わたしたちは選挙を通じて、信頼のできる国会議員を選ぶことが大切です。

日本の内閣総理大臣もアメリカ大統領のように選挙で決まるんですか？

[内閣総理大臣はわたしたちが選んだ国会議員が国会議員の中から選びます]

内閣総理大臣（首相）は、基本的に衆議院の中でいちばん議席数の多い政党のトップが務めます。つまり安倍晋三首相は、日本の政治のトップでもあり、自民党のトップでもあるんですね。

では、政党のトップはどのように決まるのでしょう？　それは、わたしたちが選挙で選んだ国会議員の中から、国会議員や、その党の党員が決めているのです。

自民党のトップ（総裁）は、2016年から最長で9年まで同じ人が続けられることになりました（正式に党の規則となるのは2017年）。ですので、自民党が政権を持っていれば、安倍さんが2021年9月まで内閣総理大臣を続けられることになります。これまで1、2年で内閣総理大臣が交代する時期が続きましたから、2012年12月から続いている安倍内閣は安定していると言えますね。

[アメリカの大統領は
実力をつけながら
1年かけて選ばれます]

　アメリカの場合は、民主党と共和党という2大政党をはじめとする各政党が、それぞれの大統領候補者を半年かけて選びます。その間、マスコミも徹底的に候補者のことを調べ上げるので、その厳しい目を乗り越えて最後まで勝ち残った人が大統領に立候補します。そして最後に国民が投票して直接大統領を選ぶのですが、そのころにはどの候補者も大統領にふさわしい実力を身につけているというしくみです。国によって、政治のトップを選ぶしくみはさまざまなんですね。ちなみに日本では、将来の内閣総理大臣候補を育てるために、各政党では期待のかかる国会議員に難しい仕事を任せるなどしているんですよ。

　ところで、大統領と総理大臣の違いは、わかりますか？　大統領とは、「その国を代表する人」のことで、総理大臣は「大臣の中でいちばんえらい人」のことです。世界には、大統領も総理大臣もいる国もあれば、日本のように大統領がいない国もあります。その中でアメリカは、総理大臣がいなくて大統領だけがいる国です。つまり、大統領が総理大臣の役割も果たします。それだけ大きな権力をもっていることもあって、アメリカ大統領は世界中から注目されるんですね。

国会議員や地方議会の議員になったら、どんなことができますか？

[世の中に必要とされる
さまざまな提案を考え、
実現させることができます]

　あなたは、困っている人がいたら「助けてあげたい」と思いますよね。議員になれば、世の中で起きているさまざまな問題を解決することができます。国会議員であれば、国全体に関わることを、地方議会の議員であれば、学校やまちづくりなど、より身近な暮らしに関わる政策を実現できるでしょう。

　たとえばあなたの通学路に、歩道がせまかったり、段差が多かったりして不便だなと思うところはありませんか？　道路は都道府県や市町村で管理している場合が多いですから、地方議会の議員が「ヨーロッパのように自転車専用道をつくりましょう」「お年寄りが暮らしやすいように、バリアフリーな街にしましょう」と声を上げれば、賛成してくれる人はたくさんいるでしょう。

　世の中をよくするために、人々の先頭に立って、いろいろな政策を進めていく旗振り役となり、より豊かな暮らしを実現していくことが議員の仕事です。議員になれば、あなたのお父さんやお母さんが年をとり、おじいさん、おばあさんになっても安心して暮らせる街をつくることができるかもしれませんね。

この本を読んでくれるあなたへ一言

　国会や地方議会は、国民が選挙で選んだ代表者が話し合いをして、みんなの暮らしをよりよくするために、さまざまなことを決めています。

　あなたも18歳になれば、国会議員や地方議員を選べるようになります。まずはニュースや新聞を読んで、今どのようなことが話し合われているのかを知りましょう。そして、国や地方自治体にどんなことを実現してほしいか、考えてみましょう。

この本の使い方

一緒に学んでいきましょう！

この本では、政治に関するテーマを身近な例で勉強できます。
①導入編→②実践編→③解説編の3ステップで、楽しく政治を学びましょう！

STEP 1 マンガで興味を持つ

各章の始めは導入のマンガページ。日常に起こりそうなストーリーで、興味がわきます。

自分にも起こりうる例だから、身近に感じる！

登場人物の疑問で、問題意識が生まれる！

STEP 2 実践編で考える

さまざまな人の視点で、マンガの中の争点を振り返るページ。自然と自分の意見が持てるようになります。

教室での議論のようで、考えが深まる！

★のマークをたどると、解説編とのつながりがわかる！

「池上先生のまとめ」で、政治の話とつながる！

STEP 3 解説編で知る・わかる

各章のテーマを解説し、学びを深めるページ。マンガであつかった内容なので、スラスラ頭に入ってきます。

教科書にそった解説で、しっかり学べる！

図解や写真が豊富だから、読みやすい！

さあ始めよう！

〈第1章〉政党

月　日

この章のポイント
自由民主党や民進党など
日本にはいくつもの政党があります。
その理由や、政党の働きを
学びましょう

| 実践編 |

みんなでつくる部活動

論点

やりたいことがちがう部活同士が話し合うと、どんないいことがあるの？

バスケ部

バスケをしたい人がいることをわかってもらえた

話し合うことで、お互いが納得して部活動できるようになりました。バレー部がバレーをしたいように、バスケ部がバスケをしたいことをわかってもらえてよかったです。

▲バスケ部も体育館で練習したいことを理解してもらえました。

ヒントを 1 さがそう！

サッカー部

刺激を受けてより気合いが入った

お互いの状況を伝えて、大会前などは練習場所をゆずり合うことにしました。野球部もがんばっていることを知り、負けずにがんばろうと思うようになりました。

▲大会前のサッカー部は、野球部が場所をゆずってくれました。

野球部

部員数が少なくても意見が言える

野球部は人数が少なくて意見を言いづらかったけれど、定期的に話し合いの場があれば、部員数が多いサッカー部にもきちんと部員の声を届けられるのでうれしいです。

ヒントを 2 さがそう！

吹奏楽部

大会があるとわかれば応援に行ける

話し合うことでほかの部活がどんな活動をしているのかわかり、今度サッカー部の県大会に応援のために演奏をしに行くことになりました。サッカー部に、吹奏楽部が協力できるなんて考えてもいませんでした。

部活を政党に置きかえてみよう

池上先生のまとめ

やりたいことが同じ人たちが集まって部活がつくられるように、政治に対して同じ考えや目標を持つ人たちがつくる団体を「政党」といいます。国民のさまざまな意見を反映できるように、政党がいくつもあるんですよ。

| 解説編 |

政党ってどんなことをするの？

日本では、政党を中心とする「政党政治」が行われています。

政党ってどんな集まり？ ヒント1

政党とは、政治について同じ考えを持つ人々が集まってつくる団体です。政党は、国民の意見や要望をまとめて、国や地方の政治に反映させます。また、政治の情報を国民に知らせる働きもします。

どうして政党はいくつもあるの？ ヒント2

どんな政策を実現させたいかは政党によってちがい、国民は政策に賛成できる政党を応援します。**政党は国民の声を反映して、それぞれの意見を国会で言い合い、よりよい政治を目指しています。**このしくみが「政党政治」です。

国によって、二つの政党が議会の議席の大部分をしめる二党制や、三つ以上の主要政党がある多党制があります。日本は多党制です。

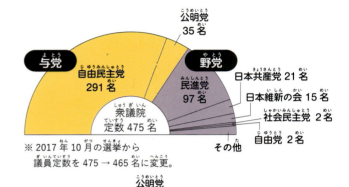

政党別議席数 ※2016年10月現在

衆議院 定数475名
- 与党：自由民主党 291名、公明党 35名
- 野党：民進党 97名、日本共産党 21名、日本維新の会 15名、社会民主党 2名、自由党 2名、その他

※2017年10月の選挙から議員定数を475→465名に変更。

参議院 定数242名
- 与党：自由民主党 122名、公明党 25名
- 野党：民進党 49名、日本共産党 14名、日本維新の会 12名、社会民主党 2名、自由党 4名、その他

※2022年の参議院議員選挙から248名となる。
▲自由民主党が半分以上の議席をしめています。

国民のうち賛成できる政党がない人々を無党派といいます。日本では無党派が増えています。

日本の主な政党 ※議席数は2016年10月現在。

自由民主党
議席数 413
衆議院 291　参議院 122
伝統的な価値観を守る（保守）。個人の自由を尊重し、資本主義を継続する。

民進党
議席数 146
衆議院 97　参議院 49
日本国憲法にもとづき、自由と民主主義を守る。

公明党
議席数 60
衆議院 35　参議院 25
仏教系の宗教団体「創価学会」を母体に、保守でも革新でもない中道政治を目指す。

日本共産党
議席数 35
衆議院 21　参議院 14
大企業中心の経済体制と日本とアメリカとの関係を変える。

くわしく▶二党制（二大政党制）の国：アメリカ（共和党と民主党）、イギリス（保守党と労働党）など。

日本の政党の特徴って？

日本では、基本的には第一政党のトップ（党首）が内閣総理大臣となり、内閣を組織します。

与党と野党のちがいって？

政権を担う政党を「与党」といい、それ以外の政党を「野党」といいます。野党には、与党が勝手な政治をしないように、監視する役目があります。

基本的には選挙で最も多くの議席をとった政党のトップ（党首）が、内閣総理大臣（首相）→37ページ になります。首相は所属する政党の政策を実現するために、自分の政党の議員を中心に内閣を組織します。

連立政権 ヒント3
一つの政党の議席が過半数に届かないときなどに、内閣がいくつかの政党で組織される政権。

単独政権
一つの政党の議席だけで過半数に達し、その政党だけで内閣が組織された政権。

日本維新の会
議席数 27
衆議院 15　参議院 12
憲法を改正し、地方分権化を進める。教育の機会平等を目指す。

社会民主党
議席数 4
衆議院 2　参議院 2
社会民主主義を掲げ、格差のない社会を目指す。

自由党
議席数 6
衆議院 2　参議院 4
日本国憲法の基本を守りつつも、時代にあった憲法に変える。

その他
日本のこころ
沖縄社会大衆党
新党大地

くわしく ▶ 連立政権：2009年～2012年に民主党を中心とする連立内閣が成立。このとき自民党と公明党は野党だった。

海外　くらべてみよう

海外レポート

わたしの国の

国会議事堂

世界各国の国会議事堂はどんな建物なのでしょうか。見くらべてみましょう。

アメリカ合衆国

首都ワシントンD.C.にあり、高さ88ｍのドームの上に、女神の像がある議会議事堂。大統領の住むホワイトハウスとは別の建物です。

オーストリア

首都ウィーンにある、古代ギリシアの神殿をモデルにした建物。入り口前の広場には、女神アテナなどの彫刻が並んでいます。

ハンガリー

首都ブダペストに建つ、観光名所にもなっている美しい建物。中には彫刻が並び、かつての王家の宝物などが保管されています。

日本

中華人民共和国

日本の国会にあたる議会（全国人民代表大会）が開かれる、人民大会堂という建物です。首都北京にある天安門広場の西側にあります。

ブラジル

首都ブラジリアにあります。ツインタワーをはさんで、左側に半球をふせた形の上院の議事堂、右側に半球を上に開いた形の下院の議事堂があります。

イギリス

首都ロンドンを流れるテムズ川のほとりに建つ、歴史の古いウエストミンスター宮殿を、イギリス議会の議事堂として使用しています。世界遺産に登録されています。

〈第2章〉国会と国会議員

この章のポイント
わたしたちが選挙で選んだ国会議員は、国会でどんな役割を果たしているのでしょう

| 実践編 |

代表委員会で体育祭の分担決め

論点

代表委員会って何をするところ？

委員の声をまとめて発表するところ

委員の声を聞き、それぞれの委員会で決まったことを伝えるのが代表委員会の役目だと思います。委員一人ひとりの意見を全て伝えると混乱してしまうので、委員長がある程度まとめてから報告しています。

保健委員長

▲保健委員長は委員の声をまとめて、代表委員会に報告します。

委員長同士で決めてしまうところ

ぼくは委員の代表として代表委員会に出席し、決まったことを図書委員会のみんなに連絡しています。委員長はみんなから選ばれた代表なんだし、ぼくたちが決めたことなら文句はないと思います。

▲図書委員長は、代表委員会で決まったことを伝えています。

図書委員長

生徒全員が満足できるように声を聞きたい

生徒会長

生徒会長としては、生徒みんなの意見を聞いて、よりよい学校にしていきたいです。各委員会の意見を、それぞれの委員長が代表委員会に持ち寄れば、全校生徒の声が聞けると思っています。

生徒会長は、生徒全員の声を聞いて学校づくりをしたいと思っています。▶

> それじゃ委員一人ひとりの意見が反映されないよ

委員が満足できるように小さな声も届けたい

美化委員長

たしかに委員長は委員に選ばれているけれど、勝手に決めてしまうのはちがうと思います。委員が満足できるように、委員長は委員の意見を少しでも多く聞いて、代表委員会に届けるべきです。

美化委員長は、少数の意見でもしっかりと代表委員会で伝えます。▶

> 後片づけを手伝いたいという意見もありました
> 美化委員長

もしも代表委員会が国会だったら…

代表委員会（国会）

← 出席して意見を述べる

委員長（国会議員）

委員長（国会議員）

委員長（国会議員）

↑選ぶ　　↑選ぶ　　↑選ぶ

委員（国民）

委員（国民）

委員（国民）

池上先生のまとめ

生徒一人ひとりが楽しい学校生活を送れるように、委員長が委員たちの意見を集めて届けるのが代表委員会ですね。政治においても、国民の代表者として選ばれた国会議員が国会に集まって話し合い、政策を決めています。

| 解説編 |

国会ってどんなところ？

国会は、国民が選挙で選んだ代表者（議員）による議会です。どんなしくみで運営されているのでしょう。

国会は法律をつくる機関

法律をつくることを「立法」といい、日本国憲法では国会を「唯一の立法機関」としています。また、これは、わたしたち国民が選んだ代表者によって運営される国会こそが、日本でいちばん権力がある組織（国権の最高機関）であると定められています。国会では、わたしたちの生活に関わる問題について話し合われます。

▲東京都千代田区にある国会議事堂。

国会は、国会議事堂で開かれています。国会議事堂の様子は見学することができますよ。

国会の種類は大きく3つ

「常会（通常国会）」は、毎年1月中に召集されます。次の年度の予算の審議・議決が主な議題で、会期は150日間と決められています。

このほか、衆議院の解散による総選挙後に召集され、内閣総理大臣の指名を行う「特別会（特別国会）」、臨時の議案を審議・議決する「臨時会（臨時国会）」があります。

▲通常国会の開会式。開会のあいさつをする天皇。

常会（通常国会）
召集	毎年1回、1月中
会期	150日間（延長1回）
議題	次年度の予算の議決

特別会（特別国会）
召集	衆議院の解散による総選挙後、30日以内
会期	両議院一致の議決で決定
議題	内閣総理大臣の指名

臨時会（臨時国会）
召集	内閣が必要と認めた場合、または、いずれかの議院の総議員の4分の1以上の要求があった場合。参議院の通常選挙・衆議院の任期満了による総選挙後、30日以内。
会期	両議院一致の議決で決定
議題	臨時の議題

緊急集会＊
召集	衆議院の解散中、国会の議決を必要とする場合
会期	議決するまで
議題	緊急の議題

▶ くわしく　緊急集会の議決：次の国会が開かれた後、10日以内に衆議院の同意が得られなければ、効力を失う。

衆議院と参議院のちがいって？

国会は、衆議院と参議院の二つの院で構成されています。これを二院制といいます。

衆議院と参議院の役割って？

日本では、法律などを**二つの視点で慎重に確認できるように、「二院制」をとっています。**衆議院と参議院とでは、議員数、任期、被選挙権、選挙区などにちがいがあります。衆議院は参議院よりも任期が短く、解散というしくみもあるので、国民のより新しい意見を反映できると考えられています。

衆議院の優越って？

国会の議決は、**衆議院と参議院の議決が一致したときに成立します。一致しなかったときは、衆議院の議決が国会の議決になる**と認められています。これを「**衆議院の優越**」といいます。衆議院が、参議院よりも国民の意見を反映しやすいと考えられているからです。

衆議院と参議院のちがい （2017年10月現在）

衆議院		参議院
465名（比例代表 176名／小選挙区 289名）	議員数	※248名（比例代表 100名／選挙区 148名）
4年（解散がある）	任期	6年（3年ごとに半数を改選）
満25歳以上	被選挙権	満30歳以上
比例代表選出（全国を11区）／小選挙区選出（全国を289区）	選挙区	比例代表選出（全国を1区）／選挙区選出（43都道府県と2合区）

※2022年の参議院議員選挙から248名となる。

MEMO 子ども国会

参議院主催で不定期に行われる、中学生・高校生を対象とした模擬国会。各都道府県から代表が集まり、子どもの視点でさまざまなテーマを話し合います。話した内容や提言は「宣言書」にまとめられます。

▲委員会で話し合った結果を、「子ども本会議」で報告する子ども国会議員の委員長。（読売新聞／アフロ）

衆議院の優越が認められるもの
※衆議院と参議院の議決が異なった場合

- 法律案の議決 →30ページ
- 予算の議決 →29ページ
- 内閣総理大臣の指名
- 外国との条約の承認

法律案や予算、内閣総理大臣がずっと決まらないと、困ってしまいますよね。

> **くわしく** ●**参議院の任期**：衆議院の解散が多いと政治が不安定になるため、参議院の任期を長くして、継続性・安定性を与えている。

| 解説編 |

国会議員って何をするの？

国会議員は、国民を代表する立場として、さまざまな活動をしています。

国会議員はどんな仕事をしているの？

国会では、わたしたちの生活に関わる問題について話し合います。日本ではほとんどの国会議員が政党（→12ページ）に所属していて、政党の活動をしながら、国会での仕事もしているのです。国会で賛成か反対かなどと意見を聞かれたときは、多くの場合、前もって政党ごとに話し合い、共通の答えを出します。

特別な権利があるの？

国会議員は国民の代表として大きな責任を持つので、さまざまな特権が与えられています。たとえば、国会会期中は逮捕されず（不逮捕特権）、議会中の発言内容の責任を問われません（免責特権）。

また、十分な活動ができるように、歳費（給料）のほか、交通費や宿泊費などもあたえられています。

国会での発言によって逮捕されてしまったら、自由な議論ができなくなってしまうからです。

「政治と金の問題」って？

支持する国会議員に、政治活動のために役立ててほしいという思いで、個人や企業がお金を寄付することがあります。寄付は悪いことではありませんが、寄付を受けた国会議員が、寄付をしてくれた個人や企業にとって利益のある政治を行ってしまうことを「政治と金の問題」と呼びます。

ある国会議員のスケジュール

7:00	街頭演説、出勤
8:00	政党の政策勉強会に出席
9:00	議員会館の事務所に移動し、委員会前に資料に目を通す
10:00	国会議事堂に移動。委員会に出席
11:00	
12:00	お昼休み
13:00	国会議事堂で本会議に出席
14:00	
15:00	
16:00	事務所で要望書に目を通す
17:00	電話・来客対応
18:00	会議資料等作成
19:00	
20:00	支援者との会合に出席
21:00	
22:00	帰宅

▲通常国会がある1月～6月は国会に通う生活が中心になります。会議以外の時間には、勉強会や地元の人との交流などを行います。

MEMO　政治資金規正法
国会議員や政党が活動するために必要とするお金（政治資金）の流れを明らかにするための法律。政治活動に対する寄付や、政治資金を集めるためのパーティなどを制限している。

くわしく　政党交付金：政党の活動を助けるために、国から支給される資金。企業などからの寄付を制限するかわりに導入。

〈第3章〉国会の仕事

この章のポイント
国会では、わたしたちの生活にどのように関わりのある仕事が行われているのか学びましょう

| 実践編 |

修学旅行の計画を立てよう

論点

お金の使い道、決めておく必要はあるの？

金額より、やりたいことを優先したい

せっかくの修学旅行なので、できるだけ希望をかなえたいです。お金のことは考えず、まず全員の希望のなかから多数決でやりたいことを決め、あとはお金が残ったら使いきれるようにすればいいと思います。

生徒A

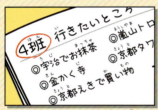

▲まずはやりたいことを書き出して考えます。

お金が足りなくならないように節約しよう

交通費を節約するために、歩いて移動するのはどうでしょう。遠くにある観光地やお店へ行くことは、あきらめなくてはいけませんが、お金が足りなくなってしまうよりいいと思います。

◀交通費を節約するために、遠くへ行くことをがまんすることに…。

生徒B

計画は余裕を持って組みましょう
先生

　はじめから4000円ギリギリまで使う計画にしてしまうと、当日急にお金が必要になったときに困ってしまいます。いざというときのために、ゆとりのある計画を組んでおくといいですよ。

お金のことは使うときに考えればいい
生徒C

　当日になったら、ほかに行きたいところや見たいものが出てくるかもしれないし、事前に決めないほうがいいと思います。お金を気にしすぎて楽しめないほうが、損ではないでしょうか。

お金のことを気にしすぎて旅行を楽しめなくなってしまうのは、もったいないことです。▶

かかるお金を調べて優先順位を決めよう
生徒D

　先にお金をどう使うか決めておかないと、最初に行ったところでお金を使いきってしまったら、ほかに何もできなくなってしまうかもしれません。それぞれにかかるお金を調べてから、優先順位を決めるのはどうでしょうか。

無理なことはあきらめるのも仕方ないと思う
生徒E

　お金や時間の制限があるので、どうしても無理なことはあきらめる必要があると思います。やりたいけれどあきらめられるものはないか、もう一度考え直して、やめてもいいものを出し合うのはどうでしょうか。

池上先生のまとめ

　何にいくらお金を使うのか、前もって計算したものを「予算」といいます。国にも予算があり、毎年国会で決めています。これは、国のお金をむだなく使うためにとても大切なことなのです。

| 解説編 |

国会はどんな仕事をしているの?

法律案や予算を決めるほかにも、日本国憲法で定められている仕事があります。

■ 法律の制定 →30ページ

法律をつくることが、国会にとって最も重要な仕事です。法律は、憲法の次に強い力を持っています。社会で起こる問題を解決し、国民の暮らしをよりよいものにしていくために、新しい法律の制定や、法律の改正（変えること）を行うのです。

■ 予算の議決 →29ページ　ヒント1

国は、税金などで得たお金（収入）を、国のさまざまな仕事に使います（支出）。そのため、どのくらいの収入があり、それをどのように使うか、毎年前もって計算します。これを予算といいます。内閣が提出した予算案を、国会で話し合い、決定します。

■ 内閣総理大臣の指名

国会議員のなかから指名します。衆議院と参議院が異なる人を指名し、両院協議会でも意見がそろわなかったときは、衆議院の選んだ人が優先されます。

■ 条約の承認

内閣が外国と結んだ条約を認めます（承認）。承認された条約は、内閣が同意し、天皇が公布することで、効力が生まれます。

■ 弾劾裁判所の設置

裁判官としてふさわしくないと思われる裁判官に対し、やめさせるかどうかを判断する「弾劾裁判所」を設置します。

警察みたいな権限もあるってほんと？

衆議院と参議院には、**国の政治がどのように行われているかを調べる権限である「国政調査権」**が認められています。これは、大きな事件が起きたときに、国会に関係者を呼んで質問したり（証人喚問）、どうして事件が起きたかを調べ、政府に記録の提出を求めたりする権限です。必要であれば新しい法律をつくるために行います。

> くわしく　**弾劾裁判所**：国会に設けられる裁判所で、衆参両議院のそれぞれ7名ずつの議員で構成される。

国の予算はどうやって決めるの？

内閣から国会に提出された予算案は、どのように審議され、決められるのでしょう。

衆議院→参議院の順番で審議

内閣がつくった**予算案は、まず衆議院に提出されます。** 衆議院では、本会議の前に予算委員会で審議を行います。このとき必ず公聴会→30ページを開かなくてはなりません。**本会議で議決されると次は、参議院で審議します。** 参議院で30日以内に議決されない場合、または衆議院の議決と異なった場合、両院協議会を開いても意見が不一致な場合は、衆議院の議決が国会の議決となります。

予算ができるまでの流れ

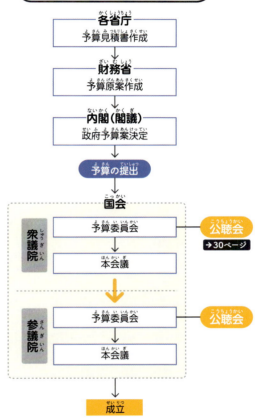

国の予算
※2016年度予算

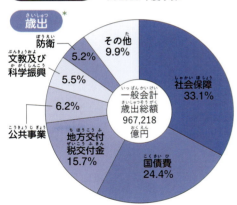

歳出 一般会計 歳出総額 967,218 億円
- 社会保障 33.1%
- 国債費 24.4%
- 地方交付税交付金 15.7%
- 公共事業 6.2%
- 文教及び科学振興 5.5%
- 防衛 5.2%
- その他 9.9%

歳入 一般会計 歳入総額 967,218 億円
- 公債金 35.6%
- 所得税 18.6%
- 消費税 17.8%
- 法人税 12.6%
- その他 15.4%

※2016／17年版「日本国勢図会」より作成

衆議院には予算を先に審議する「予算先議権」があります。

MEMO 復興経費

2011年に起きた東日本大震災で被害を受けた地域を、もとのように戻すのに必要な費用を集めるために、2013年につくられました。毎年この税を用いた復興のための費用（復興経費）の予算が組まれています。

▲東日本大震災から5年後、復興事業により、被災した宮城県石巻市で開業したJR仙石線「石巻あゆみ野駅」。

くわしく ▶ 歳入・歳出：4月1日から翌年3月31日までの政府の収入を歳入といい、支出を歳出という。

法律はどうやってつくるの？

法律案が制定されるまでの流れは、どのようになっているのでしょう。

法律は両議院で議決される

内閣や国会議員がつくった法律案は、衆議院か参議院、どちらかの議長に提出されます。**はじめの議院を法律案が通過すると、もう一方の議院に送られるしくみ**です。もし衆議院と参議院の議決がちがった場合は、「衆議院の優越→21ページ」が認められています。

MEMO 公聴会

重要な法律案のとき委員会が開く会議です。その法律が成立したときに影響がありそうな人や、学識経験者（専門家）の意見を聞き、審議の参考にします。予算の審議→29ページの際は必ず開かれます。

成立した法律は、内閣の助言と承認のもと、天皇が公布します。

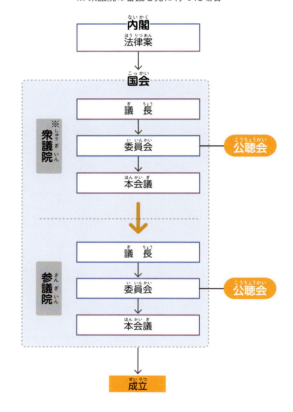

法律が成立するまでの流れ
※衆議院の審議を先に行った場合

内閣 → 法律案 → 国会

衆議院：議長 → 委員会（公聴会）→ 本会議
↓
参議院：議長 → 委員会（公聴会）→ 本会議
↓
成立

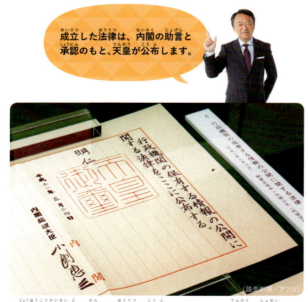

▲情報公開制度に関する法律が公布されたときの、天皇の署名。

最近はどんな法律ができたの？

「いじめ防止対策推進法」が2013年に定められ、2016年に改正されました。心やからだを傷つける、いじめを防ぐためのものです。道徳教育や相談体制の充実、いじめが確認されたときの対応、いじめが重大なときは警察とも連携をとることなどが義務づけられています。

> くわしく▶ 表決（議員が賛成・反対の意思を表す）の方法：起立による表決や、参議院でのおしボタン式表決などがある。

〈第4章〉内閣

月　日　曜

この章のポイント
内閣の動きはニュースで
よく目にしますよね。
内閣は大きな力を持っていますが、
好き勝手できるわけでは
ないことを知りましょう

部員が部長に怒り爆発

部員に相談しないで何でも決めてしまう、テニス部の部長と副部長。
そんな二人に反感を持った部員たちはついに…!?

| 実践編 |

部員が部長に怒り爆発

論点

勝手ばかりする部長と副部長。どうすればいいの？

部員A

部員のことを何も考えてくれない

大会前の大切な時期に、わたしたちに何の相談もなくコートを貸してしまうなんて信じられません。部員のことを理解し、みんなのために行動するのが部長の役目だと思います。

▲部長の勝手な判断に、部員の怒りが爆発してしまいます。

ほかの部活とうまくやるのも部長の仕事

部長は部員のことだけでなく、ほかの部活といい関係を保たなければいけません。周りとうまくやっていくために、部員たちの希望通りにいかないことがあるのは仕方ないと思います。

▲天文部の部長からのお願いをこころよく引き受け、コートをゆずります。

部長

あんな部長たちはやめさせたい

部員B

ヒントを さがそう！ ①

部員の多くが不満を持っています。これからもずっとこんなことが続くようでは部の雰囲気も悪くなるので、今の部長と副部長にはやめてもらって、新しい部長と副部長を決めることはできませんか？

部長がしている仕事を説明してほしい

部員C

部長と副部長がどのように考えて仕事をしているのかを教えてほしいです。きちんとわたしたちのことを考えて行動してくれているとわかれば、部員も納得するかもしれません。

もしも部長と副部長が内閣だったら…

部員（国会）

部長・副部長（内閣）

指示 ←
不満 →

やめさせたい！信頼できない！

池上先生のまとめ

部長や副部長が信頼できないと、部活はうまくまわりませんね。それは国も同じです。そこで、もし内閣が信頼できないと国会が感じたら、国会は内閣にやめてほしいという意思を示すことができます。

内閣ってどんなことをするの？

内閣は、国会議員のなかから指名された内閣総理大臣がつくります。

内閣は国の政治を行うところ

内閣は、国会議員のなかから選ばれた**内閣総理大臣（首相）**と、内閣総理大臣が任命した**国務大臣**（→37ページ）とで構成されています。国務大臣の多くは、文部科学省や財務省など、行政の仕事を担当している「省庁」のトップ（大臣）となります。行政とは、国会で決められた法律や予算にもとづいて、実際に国の仕事を行うことです。

▲ 2014年に第3次安倍晋三内閣が発足したときの記念撮影。

内閣のしくみ

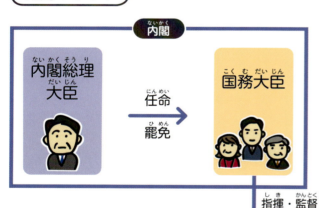

内閣はどんな仕事をするの？

内閣は**法律に従って政治を進め**（法律の執行）、**予算案をつくり国会へ提出**（予算作成）します。ほかにも外国と交渉して条約を結んだり、憲法や法律の範囲内で政令を定めたりします。

また、天皇の国事行為に対して助言と承認をあたえ、最高裁判所長官の指名、その他の裁判官の任命も行います。

内閣は半数以上が国会議員であれば、それ以外は民間人でもいいんです。

文部科学省	教育・スポーツ・科学技術の振興と人材育成
厚生労働省	医療、社会保障などに関すること
環境省	国の環境に関すること
経済産業省	経済と産業の発展とエネルギーに関すること
国土交通省	国土開発や交通政策、安全確保など
農林水産省	食の安定供給、農林水産業の発展、森林管理、海上の
財務省	国の財政に関すること。税金の徴収
外務省	国の外交に関すること
法務省	検察や、国籍・人権擁護に関すること
総務省	行政制度の管理、電波事業の管理、消防など
防衛省	自衛隊の管理など国の安全に関すること

くわしく ▶ 行政：文部科学省などの行政機関が分担して行う。

内閣総理大臣の仕事って？

内閣を組織した内閣総理大臣は、内閣のトップとしてどんなことをするのでしょう。

内閣総理大臣はどうやって選ばれるの？

内閣総理大臣になれるのも、内閣総理大臣を選べるのも、国会議員だけです。一般的に、**政権をとった政党（与党）のトップ（党首）が内閣総理大臣**に指名されます。

国会の指名にもとづいて、天皇が任命して、内閣総理大臣が決定します。内閣総理大臣は、首相とも呼ばれます。

最大の政党と首相の政党とがちがうと、首相の方針に国会が反対して、議論が進まないかもしれません。

MEMO　アメリカ大統領制

アメリカ大統領は、国民の選挙で直接選ばれます。そのため、大統領の所属する政党が、必ずしも議会での多数党であるとはかぎらないのです。また、トランプ大統領のように、国会議員でなくても大統領になれます。

内閣総理大臣のある日のスケジュール

8:00	8:57	皇居へ。夫人とともにシンガポールのトニー・タン大統領夫妻の歓迎行事に出席
9:00	9:51	首相官邸に入る
10:00	10:31	国際通貨基金（IMF）副専務理事と面会
11:00	11:27	米ハーバード大経営大学院の教授らと面会
12:00		
13:00		
14:00	14:02	国家安全保障会議に出席
	14:42	国家安全保障局長らと面会
15:00	15:34	自民党教育再生実行本部長、公明党政調会長らから教育に関する提言書を受け取る
16:00	16:02	自民党幹事長と面会
	16:28	ファム・ミン・チン越日友好議員連盟会長と面会
17:00	17:00	首相補佐官と面会
	17:03	外務省事務次官らと面会
18:00	18:36	皇居へ 夫人とともにタン大統領夫妻歓迎の宮中晩餐会に出席
19:00		
20:00		
21:00	21:56	自宅に帰る

内閣総理大臣ってどんなことをするの？

内閣総理大臣は、国務大臣全員を集め、議長となって会議（閣議）を開きます。**閣議は内閣の方針を決める会議**で、議案の決定は全員一致を原則とします。

内閣がつくった**法律案や予算案を国会に提出**し、各省庁などの**行政機関を指揮・監督**するのも内閣総理大臣の仕事です。国務大臣をやめさせる（罷免）権限も持ちます。

君に任せよう／ぜひ！

国務大臣の任命

閣議を開く

> **くわしく　国務大臣**：内閣総理大臣以外の大臣。各省庁の責任者として、省庁を指揮・監督する。

| 解説編 |

内閣と国会の関係は？

内閣総理大臣が国会議員であることによって、内閣と国会にはどんな関係が生まれるのでしょう。

議院内閣制ってどんな制度？

国民は国会議員を選び、国会が内閣総理大臣を選びます。さらに、内閣のメンバーである国務大臣の半数以上が国会議員です。つまり、**内閣は国会からつくられ、内閣は国会の信任のうえで仕事をしている**といえます。このような内閣と国会の関係を**「議院内閣制」**といいます。

国会が内閣を信用しないと決めたら、内閣は…

衆議院を解散
10日以内に衆議院を解散して総選挙を行う

または

総辞職
内閣総理大臣および国務大臣が全員やめる

議院内閣制のしくみ

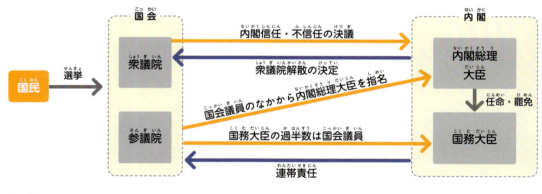

内閣は国会から生まれているので、国会に対して連帯責任を負います。

行政に欠かせない公務員の働き

文部科学省や財務省などの行政機関では、多くの公務員が働いています。行政の仕事を行うには、専門的な知識や技術を持つ公務員の働きが欠かせません。

公務員には、**国の仕事をする国家公務員**と、**各都道府県や市（区）町村の仕事をする地方公務員**がいます。

▲台風8号の接近に備え、関係する各省庁の代表者が集まって開かれた災害警戒会議。（2014年7月）

くわしく　国家公務員：各省庁で働く人のほか、裁判官、検察官、自衛官。内閣総理大臣、国務大臣は国家公務員特別職。

〈第5章〉地方自治

この章のポイント
地域がかかえる問題は
そこで暮らす人々がいちばん
よくわかっていますよね。
住民が行う地方の政治の特徴を
学びましょう

| 実践編 |

どっちもすばらしいで賞！？

論点

なぜ地域によって
ちがうことがこんなに多いの？

ヒントを さがそう！

主人公

読書賞はどこにでもあると思ってた

全国どこの学校でも、ぼくの学校と同じように読書賞があると思っていました。それに、いとこの地域には良い歯のコンクールがあるそうです。ぼくの地域にはどうしてないんだろう。

▲いとこの学校には、自分の学校にない賞がありました。

なぜ地域で割り引きの対象年齢がちがうの？

おばあちゃんの住む地域では65歳からバスが割り引きになるのに、ほかの地域では70歳以上にならないと割り引きにならないのは、どうしてだろう。

▲おばあちゃんの地域は65歳からバス代が割り引きになります。

いとこ

青森県には朝ごはん条例があるよ

ぼくの地域には、「朝ごはん条例」があります。ごはんを中心とした食事をすることで、健康に長生きすることを目指しています。学校給食にも、町でつくられたお米やリンゴが出ます。

鹿児島県には子ほめ条例があるよ

わたしの地域には、「子ほめ条例」があって、親切な子、読書をする子などが表彰されます。子どもたちの個性や能力を発見してほめることで、心もからだも健康な子どもに育てるためだそうです。

長野県にはすずむし保護条例があるよ

ぼくの住む村には、「すずむし保護条例」があります。村長の許可がないと、すずむしをつかまえてはいけないという決まりです。村が大切にしているすずむしを保護することで、豊かな自然を守ることを目指しています。

和歌山県には梅干しおにぎり条例があるよ

わたしの住む町には、「梅干しおにぎり条例」があります。おにぎりをつくるときは、中に入れる具を梅にするんです。地域でよくとれる梅を広めることや、梅干しを食べることで町の人たちがより健康になることを目指しています。

池上先生のまとめ

同じ日本でも、地域によって気候や有名な農作物、生きもの、住んでいる人々がちがいます。そこで、地域ごとに「条例」という決まりがつくられ、その地域にあった政治が行われているのです。

| 解説編 |

地方自治って何？

地域ごとに異なる問題を解決するために、どのようなことが行われているのでしょう。

なぜ地方自治が行われているの？

　地方自治のねらいは、地域の実情に合った政治を実現することにあります。住民の意思がしっかりと尊重されるためには、その地域の気候や人口、産業構造や交通などをふまえる必要があります。地方自治は、都道府県や市町村などの地方公共団体（地方自治体）によって行われます。

地方公共団体はどんなことをするの？

　地方公共団体は、地域住民の生活に身近な仕事をしています。たとえば、消防や上下水道の整備、ごみの収集と処理などです。バスや電車を運営しているところもあります。観光業務や特産物の宣伝、住民からの相談対応など、地域独自の仕事も行っています。

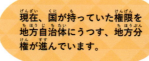

現在、国が持っていた権限を地方自治体にうつす、地方分権が進んでいます。

MEMO 特別区
　東京都の23区は、特別区と呼ばれる地方公共団体の一つです。市とほとんど同じ権限を持ちますが、上下水道の整備や消防などは、東京都が行っています。

▲①消防活動　②バス事業　③ごみ収集と処理　④住民登録を行う市役所の窓口

地方分権

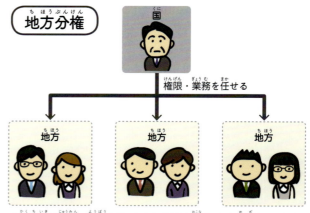

▲各地域が住民の要望にそったまちづくりを行うことを目指しています。

「**地方自治は民主主義の学校**」：地方自治は住民が身近な問題を解決するなかで民主政治について学べるので、こう呼ばれる。

地方自治のしくみ

地方自治は、地方公共団体が中心になって行います。どのような方法をとっているのでしょう。

地方の政治はだれが行っているの？ ヒント 1

地方自治のトップ（首長）は、**都道府県では都道府県知事、市(区)町村では市(区)町村長**です。

また、国に国会があるように、地方公共団体には地方議会があります。地方議会では、**地方公共団体ごとの決まりである条例**をつくったり、地方公共団体の予算を決めたりしています。

だれが地方の政治に使うお金を出しているの？

地方公共団体の収入（歳入）には、住民の納める税金である**地方税**や、国から支給されるお金などがあります。

国が負担するのは義務教育や公共事業のための**国庫支出金**、地方公共団体間の財政格差をおさえるための**地方交付税交付金**です。

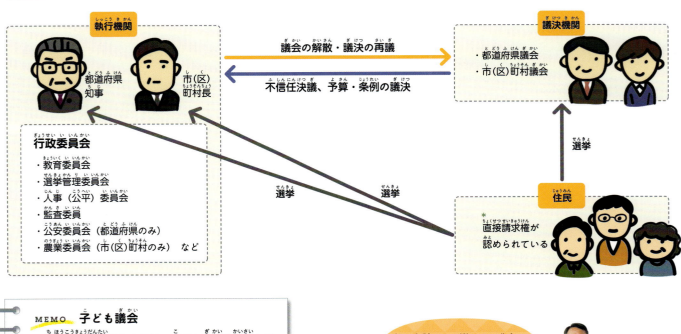

地方自治のしくみ

MEMO 子ども議会
地方公共団体のなかには、子ども議会を開催しているところがあります。地域の児童生徒をつのり、住みやすい地域づくりについて会議を開き、地方公共団体に提案します。

国は地方ごとに行われる自治の集合体。つまり、政治の根本にあるのは地方自治です。

▶ **直接請求権**：地域住民が、一定数の署名をもって請求し、首長や議員をやめさせたり（リコール）、議会を解散させたりできる権利。

さくいん

あ
- アメリカ大統領制 ……… 37
- いじめ防止対策推進法 ……… 30

か
- 閣議 ……… 37
- 議院内閣制 ……… 38
- 緊急集会 ……… 20
- 公聴会 ……… 29, 30
- 公務員 ……… 38
- 公明党 ……… 12
- 国政調査権 ……… 28
- 国務大臣 ……… 36, 37
- 国会 ……… 20, 38
- 国会議員 ……… 22
- 国会議事堂 ……… 20
- 国家公務員 ……… 38
- 国庫支出金 ……… 45
- 子ども議会 ……… 45
- 子ども国会 ……… 21

さ
- 歳出 ……… 29
- 歳入 ……… 29
- 参議院 ……… 21
- 社会民主党 ……… 13
- 衆議院 ……… 21
- 衆議院の優越 ……… 21, 30
- 自由党 ……… 13
- 自由民主党 ……… 12
- 首相 ……… 13, 37
- 省庁 ……… 36
- 条約 ……… 28
- 政治資金規正法 ……… 22
- 政治と金の問題 ……… 22
- 政党 ……… 12, 13
- 政党交付金 ……… 22
- 政党政治 ……… 12

た
- 多党制 ……… 12
- 弾劾裁判所 ……… 28
- 単独政権 ……… 13
- 地方公共団体 ……… 44
- 地方交付税交付金 ……… 45
- 地方公務員 ……… 38
- 地方自治 ……… 44, 45
- 地方自治体 ……… 44
- 地方税 ……… 45
- 地方分権 ……… 44
- 直接請求権 ……… 45
- 通常国会 ……… 20
- 党首 ……… 37
- 特別区 ……… 44
- 特別国会 ……… 20

な
- 内閣 ……… 36, 38
- 内閣総理大臣 ……… 13, 28, 36, 37
- 二院制 ……… 21
- 二党制 ……… 12
- 日本維新の会 ……… 13
- 日本共産党 ……… 12

は
- 表決 ……… 30
- 不逮捕特権 ……… 22
- 復興経費 ……… 29
- 法律 ……… 28, 30, 36

ま
- 民主主義の学校 ……… 44
- 民進党 ……… 12
- 免責特権 ……… 22

や
- 野党 ……… 13
- 予算 ……… 28, 29, 36
- 予算先議権 ……… 29
- 与党 ……… 13

ら
- 臨時国会 ……… 20
- 連立政権 ……… 13

教科書対応表（中学）

この表は、本書で扱っている内容が、
あなたの教科書の主にどのページにのっているのかを示しています。
もっと学びたいと思うテーマに出会ったら、教科書を読んで学びを深めましょう。

巻	本書のページ	章のテーマ	教科書対応のページ					
			東京書籍	帝国書院	教育出版	日本文教出版	清水書院	育鵬社
1	7	日本国憲法	38	36	38	38	30	49
	15	基本的人権	44	42	42	44	34	54
	23	グローバル社会	49	46	49	53	43	68
	31	新しい人権	60	52	56	58	54	76
	39	性の多様性	—	—	—	—	—	—
2	7	選挙	76	68	76	78	64	90
	15	投票	77	68	77	78	64	90
	23	選挙の課題	78	69	77	79	65	91
	31	民主政治	74	60	74	77	60	86
	39	メディアリテラシー	82	62	80	82	62	92
3	7	政党	80	66	78	80	66	88
	15	国会と国会議員	84	70	82	96	74	96
	23	国会の仕事	86	72	83	98	72	98
	31	内閣	88	74	88	100	76	100
	39	地方自治	102	88	106	86	86	112
4	7	裁判所	92	78	94	106	80	104
	15	三審制	93	79	98	106	82	106
	23	刑事裁判・民事裁判	94	78	94	108	80	106
	31	裁判員制度	96	81	100	110	81	108
	39	三権分立	100	84	104	114	70	96
5	7	社会保障制度	150	156	160	164	140	162
	15	少子高齢化	152	157	162	166	141	164
	23	税金	146	148	146	160	134	158
	31	非正規雇用	134	130	157	145	144	142
	39	消費者の権利	122	116	122	124	150	130

```
NDC 310
```

12歳からの政治

 いちばん身近な
国会・内閣の話

学研プラス　2017　48P　28.6cm
ISBN978-4-05-501231-7　C8331

池上彰さんと学ぶ 12歳からの政治
3　いちばん身近な国会・内閣の話

2017年2月28日　第1刷発行
2021年4月5日　第6刷発行

監修	池上 彰	ブックデザイン	TRUNK（笹目亮太郎、助川智美）
発行人	代田雪絵	マンガ・イラスト	高品吹夕子
編集人	松田こずえ	図版	木村図芸社
編集担当	小野優美	原稿執筆	入澤宣幸、伊藤 睦
発行所	株式会社学研プラス	DTP	株式会社四国写研
	〒141-8415　東京都品川区西五反田2-11-8	編集協力	株式会社スリーシーズン（藤門杏子）
印刷所	大日本印刷株式会社、トッパンコンテナー株式会社	撮影	布川航太
		写真協力	アフロ

● この本に関する各種お問い合わせ先
本の内容については、下記サイトのお問い合わせフォームよりお願いします。
https://gakken-plus.co.jp/contact/
在庫については　Tel 03-6431-1198（販売部直通）
不良品（落丁、乱丁）については　Tel 0570-000577
　　学研業務センター　〒354-0045 埼玉県入間郡三芳町上富279-1
上記以外のお問い合わせは Tel 0570-056-710（学研グループ総合案内）

©Gakken
本書の無断転載、複製、複写（コピー）、翻訳を禁じます。
本書を代行業者などの第三者に依頼してスキャンやデジタル化することは、たとえ個人
や家庭内の利用であっても、著作権法上、認められておりません。

学研の書籍・雑誌についての新刊情報・詳細情報は、下記をご覧ください。
学研出版サイト　https://hon.gakken.jp/

池上彰さんと学ぶ

12歳からの政治

〈全5巻〉

① いちばん身近な憲法・人権の話

② いちばん身近な選挙の話

★③ いちばん身近な国会・内閣の話

④ いちばん身近な裁判の話

⑤ いちばん身近な社会保障の話